상처 주는 말 하는 친구에게 똑똑하게 말하는 법

ⓒ 김윤나, 2023

이 책의 저작권은 저자에게 있습니다.
저작권법에 의해 보호를 받는 저작물이므로
저자의 허락 없이 무단 전재와 복제를 금합니다.

상처 주는 말 하는 친구에게 똑똑하게 말하는 법

화내지 않고, 참지 않고, 울지 않는 마법의 표현 59

김윤나 글
유영근 그림

북라이프

상처 주는 말 하는 친구에게
똑똑하게 말하는 법

1판 1쇄 발행 2023년 2월 26일
1판 22쇄 발행 2025년 4월 30일

지은이 | 김윤나
발행인 | 홍영태
발행처 | 북라이프
등 록 | 제2011-000096호(2011년 3월 24일)
주 소 | 03991 서울시 마포구 월드컵북로6길 3 이노베이스빌딩 7층
전 화 | (02)338-9449
팩 스 | (02)338-6543
대표메일 | bb@businessbooks.co.kr
홈페이지 | http://www.businessbooks.co.kr
블로그 | http://blog.naver.com/booklife1
페이스북 | thebooklife
인스타그램 | booklife_kr
ISBN 979-11-91013-49-8 73190

* 잘못된 책은 구입하신 서점에서 바꾸어 드립니다.
* 책값은 뒤표지에 있습니다.
* 북라이프는 (주)비즈니스북스의 임프린트입니다.
* 비즈니스북스에 대한 더 많은 정보가 필요하신 분은 홈페이지를 방문해 주시기 바랍니다.

비즈니스북스는 독자 여러분의 소중한 아이디어와 원고 투고를 기다리고 있습니다.
원고가 있으신 분은 ms2@businessbooks.co.kr로 간단한 개요와 취지, 연락처 등을 보내 주세요.

어린이 독자들에게

'똑똑한 말하기'로
나와 친구의 마음을 지켜요!

어린이 독자 여러분, 반갑습니다. 우리는 앞으로 이 책을 통해서 속상하고 화가 날 때에도 친구에게 상처 주지 않고, 나도 상처 받지 않으면서 똑똑하게 말하는 방법을 배워 갈 거예요.
그런데 똑똑하게 말한다는 것은 어떻게 하는 것일까요?
첫 번째는 <mark>자신의 생각이나 느낌을 상대에게 정확하게 표현하는 것이랍니다.</mark> 말하지 않으면 나의 마음을 아무도 몰라주거든요. 내 의견을 스스로 소중하게 생각하고 다른 사람에게 잘 전달할 수 있어야 해요. 그렇다고 내 말만 고집하거나, 친구를 무시해도 된다는 뜻은 아니죠. 그래서 분명하지만 동시에 부드럽게 말하는 연습이 필요한 거예요.
두 번째로 <mark>상대의 말을 잘 듣는 것입니다.</mark> 우리는 간혹 진짜 속마음과는 다른 말을 하는 경우가 있어요. 예를 들어, 넘어져서 아프고 부끄러운데도 아무렇지 않은 듯 씩씩하게 말하는 친구도 있고, 실수를 해 미안하면서도 괜히 심술을 부리면서 툴툴거리는 친구도 있죠. 그럴 때 똑똑하게 말하는 사람은, 친구의 그런 숨겨진 진짜 마음을 잘 알아듣는답니다. 그래서 이야기도 들어 주고, 공감하고, 배려할 수 있죠.

이렇게 자기 할 말을 당당하게 하고, 다른 친구의 말도 잘 듣는 사람은 언제 어디서나 좋은 친구가 될 수 있어요. 스스로도 자신감과 뿌듯함을 느끼게 되고요. 그러나 똑똑한 말하기와 듣기가 처음에는 조금 어렵게 느껴질 수 있어요. 새로운 악기를 배우는 것처럼 연습이 필요한 일이거든요. 하지만 조금씩 노력하다 보면 어느새 똑똑한 말하기와 듣기 방법을 자연스럽게 사용할 수 있게 되지요.

이 책에는 친구 사이에서 생길 수 있는 불편한 상황 59가지가 펼쳐져 있어요. 재미있는 만화를 보면서 '이런 상황에서 나라면 어떻게 말했을까?' 생각해 보세요. 그리고 '잠깐! 이럴 땐 이렇게 말해 볼까?'를 읽으면서 똑똑한 표현들을 배워 나가는 거예요.

친구들과 지내다 보면 서운한 일도 생기고, 화가 나기도 하고, 싸울 수도 있어요. 그리고 누구나 실수할 수 있어요. 우리는 아직 성장하는 중이니까요. 하지만 생각 없이 던진 말 한 마디는 친구의 마음에 상처를 남길 수 있어요. 나도 친구도 그런 말 한 마디에 다쳐서 아프지 않도록 똑똑한 말하기를 함께 배워 보아요.

똑똑한 말하기는 나의 마음도 지키고, 친구의 마음도 보호할 수 있답니다!

부모님께

'똑똑한 말'을
많이 경험시켜 주세요!

아이가 초등학교에 입학해 학부모가 되면 걱정이 많아집니다. 자기주장이 강한 아이면, 친구들 사이에서 괜한 갈등을 일으키면 어쩌나 염려되죠. 반대로 평소에 마음을 잘 표현하지 않고 속으로 참는 아이면, 기가 센 아이들에게 밀리지는 않을까 불안하고요.

맞아요. 아이들은 학교에 가면 즐겁기도 하지만 힘이 들기도 합니다. 친구들과 신나게 놀다가도 때때로 친구 때문에 마음이 아프기도 할 거예요. 어느 날 학교 끝나고 엉엉 울면서 집 현관문을 열지도 모릅니다. 그런 아이를 보면 부모의 심정은 복잡해지죠. 이럴 때 우리는 어떻게 아이를 도와야 할까요?

==우리는 아이를 가르쳐야 하는 사람입니다.== 그러기 위해서는 아이의 실수와 상처 앞에서 부모의 불안을 조절할 줄 알아야 해요. 아이들은 적당한 어려움과 스트레스를 견디며 관계의 회복력을 키워 가니까요. 나와 다른 사람과의 마찰력을 통해서 내면의 구심력이 단단해지죠.

아이가 친구와 싸웠거나 상처 받는 말을 들었을 때, 상황 파악에만 집중하지 마세요. 물론 상황 파악이 시급한 때도 있지만, 다짜고짜 '걔가

뭐라고 했어?' 라거나 '그래서 넌 또 뭐라고 말했는데?' 식으로 취조하듯이 말하지 않았으면 좋겠습니다. 부모의 첫마디는 아이의 욕구와 감정에 먼저 공감해 주는 말이어야 합니다. '잘 지내고 싶어서 그런 건데, 마음을 몰라줘서 속상했겠네'라고요.

'너도 같이 했겠지'라든가 '바보처럼 아무 말 안 하고 가만히 있었지'처럼 넘겨짚거나 아이를 탓하는 말도 조심하세요. 아이가 '역시 엄마, 아빠에게 솔직하게 말하니까 마음이 좀 괜찮아지네' 하는 경험을 할 수 있도록 해 줘야 합니다.

아이에게 어떻게 해결하고 싶은지 물어보세요. 아직 부족하지만 나름의 대안을 생각해 보도록 조금만 기다려 주세요. 그런 후에 이 책을 함께 읽으며 아이에게 실질적인 대화법을 가르쳐 주시면 좋겠습니다. 함께 롤플레잉(역할연기) 하듯이 연습해 보는 것도 도움이 됩니다.

우리는 바랍니다. 내 아이가 소신 있게 자기 의견을 표현하면서도 상대방을 배려하는 아이로 자랄 수 있기를요. 그러려면 똑똑한 말을 경험해야 합니다. 말은 책으로 배우는 데 한계가 있습니다. 이 책에 소개된 존중과 배려의 표현들을 부모로부터 자주 들을 수 있어야 합니다. 부모로부터 지혜로운 말을 선물받은 아이의 입에서는 똑똑한 말이 자신감 있게 흘러나오니까요.

마음과 다르게 말이 나와서 답답하고 속상할 때는 책 뒤의 부모님 가이드 '내 아이와 똑똑하게 대화하기'를 읽어 보시기를 권합니다. 소통 전문가로서, 또 두 아이의 엄마로서의 마음을 담았어요. 지금 이 순간에 필요한 부모의 현명한 말을 찾는 데 도움이 되었으면 좋겠습니다.

목차

1 장난치며 놀리는 말

1-1	수업 중에 친구들이 떠들어서 방해된다면	16
1-2	친구가 이름으로 별명을 만들어 놀린다면	18
1-3	친구가 이성 친구와 사귄다고 놀린다면	20
1-4	친구의 장난 때문에 시합에 져서 속상하다면	22
1-5	친구가 내가 그린 그림을 보고 놀린다면	24
1-6	난 기분 나쁜데 장난이라고 넘어간다면	26

2 명령하고 강요하는 말

2-1	친구가 모둠 활동 할 때 혼자 결정한다면	30
2-2	친구의 지나친 부탁을 거절하고 싶다면	32
2-3	친구가 내가 잡은 피구공을 빼앗는다면	34
2-4	친구가 원하지 않는 일에 나를 추천한다면	36
2-5	친구가 명령하듯이 말해서 기분이 나쁘다면	38
2-6	친구에게 고백을 받았는데 거절하고 싶다면	40

3 원망하고 비난하는 말

- 3-1 친구가 나 때문에 시합에 졌다고 탓한다면 … 44
- 3-2 서로 부딪쳤는데 나에게 거칠게 말한다면 … 46
- 3-3 친구가 시합에서 졌다고 화풀이한다면 … 48
- 3-4 자기가 잘못하고 내 탓이라며 원망한다면 … 50
- 3-5 약속을 지키지 못했다고 나를 원망한다면 … 52
- 3-6 친구가 물건을 잃어버리고 나를 의심한다면 … 54

4 약속과 규칙을 깨는 말

- 4-1 친구가 약속을 자꾸 어긴다면 … 58
- 4-2 놀이 중에 규칙을 어겨 놓고 화를 낸다면 … 60
- 4-3 친구가 새치기를 한다면 … 62
- 4-4 친구가 거짓말을 하는 것 같다면 … 64
- 4-5 모둠 활동에서 자기가 할 일을 미룬다면 … 66
- 4-6 비밀 이야기를 다른 친구에게 말했다면 … 68

5 서로 생각이 다른 말

- 5-1 친구에게 조언했는데 기분 나빠 한다면 … 72
- 5-2 친구가 자기 물건이라고 우긴다면 … 74
- 5-3 같이 놀기로 했는데 서로 의견이 다르다면 … 76
- 5-4 서로 자기 생각이 맞는다고 주장한다면 … 78
- 5-5 친구가 안 그랬다고 우긴다면 … 80
- 5-6 친구들이 회장으로 뽑아 주지 않았다면 … 82

6 욕하고 공격하는 말

6-1	친구가 위험한 물건으로 위협한다면	86
6-2	장난에 친구가 갑자기 욕을 하며 화낸다면	88
6-3	친구가 같이 놀면서 욕을 한다면	90
6-4	친구가 다른 친구를 놀려 주자고 한다면	92
6-5	자기 마음대로 안 된다고 짜증 낸다면	94

7 간섭하고 무시하는 말

7-1	친구가 시험을 잘 봤다고 자랑한다면	98
7-2	친구가 내 말을 끊고 듣지 않는다면	100
7-3	친구가 다른 친구와 나를 비교한다면	102
7-4	친구가 다른 친구와의 문제에 끼어든다면	104
7-5	친구가 내 일에 참견하고 잔소리한다면	106

8 동의를 구하지 않는 말

8-1	친구가 내 물건을 자기 것처럼 사용한다면	110
8-2	자기 물건이 있는데도 내 것을 빌려 간다면	112
8-3	내가 아끼는 물건을 빌려달라고 한다면	114
8-4	물건을 빌려 가서 돌려주지 않는다면	116
8-5	친구가 빌려 간 돈을 갚지 않는다면	118
8-6	친구가 자꾸 사 달라고 조른다면	120

9 따돌리고 괴롭히는 말

- 9-1 나를 놀이에 끼워 주지 않으려고 한다면 … 124
- 9-2 친구가 내 외모를 평가하고 놀린다면 … 126
- 9-3 친구가 나와 말을 안 하려고 한다면 … 128
- 9-4 친구가 내 뒷담화를 한다면 … 130
- 9-5 나랑 놀지 말라고 말하고 다닌다면 … 132
- 9-6 다른 사람이 없을 때 욕하고 협박한다면 … 134
- 9-7 친구들이 채팅에서 나를 무시한다면 … 136
- 9-8 친구가 다른 친구의 뒷담화를 한다면 … 138

10 사과하는 말

- 10-1 미안한 마음을 전할 방법을 모르겠다면 … 142
- 10-2 친구가 화가 났는데 이유를 모르겠다면 … 144
- 10-3 친구에게 사과하고 싶지 않다면 … 146
- 10-4 친구가 내 사과를 받지 않는다면 … 148
- 10-5 사과를 받아도 화가 풀리지 않는다면 … 150

부모님 가이드

★★★ 내 아이와 똑똑하게 대화하기 … 153

안녕? 난 똑똑한 고양이, 똑냥이야.
학교생활 하면서 상처 주는 말 하는 친구가 있지?
그 친구가 어떤 말을 할 때 기분이 나빴는지 생각해 보면서
화내지 않고, 참지 않고, 울지 않고
똑똑하게 할 말 하는 법을 배워 보자.

장난치며
놀리는 말

1-1 수업 중에 친구들이 떠들어서 방해된다면

잠깐! 이럴 땐 이렇게 말해 볼까?

수업 시간에 친구들이 떠든다고 화를 내면서 말하면, 친구가 부끄러워서 같이 화를 내거나 토라질 수도 있어. 그렇다고 계속 참고 넘어간다면 수업 내용을 제대로 듣지 못하게 될 거야. 생각할수록 더 화가 날 수도 있지. 이럴 때는 너의 **불편한 상황을 친구에게 설명해 준다고 생각해.** 친구들이 떠들어서 어떤 점이 불편한지 차분하게 알려 주는 거야.

✅ 불편한 상황을 알려 줘.

- 친구는 자신의 행동이 누군가를 방해하고 있다는 것을 모를 수 있어.
- 수업 시간에 친구에게 말을 거는 행동도 다른 친구들을 불편하게 할 수 있으니까 주의하자.

1-2 친구가 이름으로 별명을 만들어 놀린다면

잠깐! 이럴 땐 이렇게 말해 볼까?

친구가 놀린다고 마음이 상해서 너도 똑같이 놀리려고 하면 싸움으로 번지고 말 거야. 반대로 움츠러들거나 울면 친구는 더 놀리고 싶어질 수도 있어. 이럴 때는 **친구에게 '나는 재미없어'라고 솔직하게 말하는 게 좋아.** 흥분하지 말고, 담담하게 말하면 돼. 어떤 친구는 서로 별명을 부르는 걸 같이 재미있어할지도 모르지만, 나는 그렇지 않다는 걸 알려 주는 거야.

같이 재미있어야 해.

- 장난은 서로 같이 재미있어야 하는 거야.
- 부모님께 내 이름을 어떤 의미로 지으셨는지 여쭤 보자.

1-3 친구가 이성 친구와 사귄다고 놀린다면

잠깐! 이럴 땐 이렇게 말해 볼까?

이런 장난에는 너무 진지하게 대응할 필요 없어. 친구는 너의 반응을 더 보고 싶어서 계속 장난을 거는 거니까. 그렇다고 그냥 넘어가서도 안 돼. 놀려도 되는 친구라고 생각할 수도 있으니까. 이럴 때는 '그만해', '하지 마'라고 분명하게 말해 줘. 친구들이 불쾌한 말이나 행동을 할 때 '그만(stop)!'이라고 표현하는 것은 너를 보호하는 중요한 말이니까 잘 기억해 두렴.

✅ 반응하지 마.

- 친구의 장난에 반응하지 않는 것도 좋은 방법일 수 있어.
- 만약 여러 명의 친구가 지속적으로 놀린다면 선생님께 도움을 요청하자.

1-4 친구의 장난 때문에 시합에 져서 속상하다면

잠깐! 이럴 땐 이렇게 말해 볼까?

친구는 네가 얼마나 잘하고 싶었는지, 게임에서 얼마나 이기고 싶었는지 몰랐을 거야. 만약 친구의 장난을 웃어넘길 수 있다면 그냥 흘려보내도 좋아. 하지만 **친구가 밉고 많이 속상하다면, 혼자서 참지 말고 '아쉽다'라고 너의 감정을 솔직하게 표현해 봐.** 네가 얼마나 속상한지, 왜 그런 마음이 드는지 말해 줘야 다음에 또 같은 장난을 하지 않을 거야.

🌀 아쉬움을 표현하자.

- 아쉬움은 화나 짜증과는 다른 감정이야. 마음은 구체적으로 표현할수록 좋아.
- 게임이나 경기를 하다 보면 이길 때도 있고 질 때도 있어. 이기고 지는 데 너무 신경 쓰지 말고, 마음을 편안하게 먹자.

1-5 친구가 내가 그린 그림을 보고 놀린다면

잠깐! 이럴 땐 이렇게 말해 볼까?

친구가 열심히 노력한 것에 대해서 '못했다'거나 '나쁘다'고 평가해서는 안 돼. 그것으로 놀리는 건 더더욱 하지 말아야 해. 우리 얼굴이 모두 다르듯이, 사람마다 잘하는 게 다 다르단다. 잘했다고 생각하는 기준도 모두 다르지. 그러니까 다른 사람이 너를 평가하거나 놀리는 걸 당연하게 받아들이지 말고, '기분 나빠'라고 표현하렴. 좋은 친구라면 너의 그림에 관심을 갖고 격려를 해 주었을 거야.

평가와 지적은 그만!

- 친구에게 평가하는 말보다는 격려하는 말을 더 많이 하자.
- 잘하고 못한다는 기준이 하나로 정해져 있는 건 아니야.

1-6 난 기분 나쁜데 장난이라고 넘어간다면

잠깐! 이럴 땐 이렇게 말해 볼까?

심심하거나 놀고 싶을 때 친구를 툭툭 때리는 아이들이 있어. 밀치거나 껴안으려고 하면서 장난을 걸기도 하지. 이때 너도 같이 장난으로 때리다 보면, 점점 더 주먹에 힘이 들어가다가 결국 싸움으로 번지게 돼. 그러니까 이럴 경우에는 **친구에게 '아프니까 때리지 마'라고 말하는 게 좋아.** 아프고 힘든 너의 상태를 분명하게 말해야 친구가 행동을 멈출 수 있어.

✅ 몸이 아니라 말로 해.

- 친구와 몸을 부딪치며 놀거나, 동의 없이 껴안는 행동은 하지 말자.
- 아프다고 말해도 계속 때리거나 몸을 부딪치면 선생님께 도움을 요청하자.

2

명령하고
강요하는 말

2-1 친구가 모둠 활동 할 때 혼자 결정한다면

잠깐! 이럴 땐 이렇게 말해 볼까?

친구가 일부러 너를 무시하려고 그런 것은 아닐 거야. 성격이 급하거나 빨리 끝내고 싶어서 그렇게 말한 것일 수도 있어. 하지만 그렇게 앞장서서 자기 의견을 주장하는 사람을 무조건 따라야 하는 건 아니야. 친구의 그런 태도에 마음이 상하거나, 맡은 역할이 마음에 들지 않는다면 너의 의견을 분명하게 말해야 해. 그럴 때는 '잠시만! 내 의견을 말해도 될까?' 하면서 이야기를 시작해 봐.

✅ 의견을 나누자.

- 친구끼리는 언제든 서로의 의견을 이야기할 수 있어야 해.
- 다른 친구가 의견이 있다고 할 때도 잘 들어 주자.

2-2 친구의 지나친 부탁을 거절하고 싶다면

> ## 잠깐! 이럴 땐 이렇게 말해 볼까?

친구끼리 서로 부탁할 수 있지. 하지만 친구의 부탁을 항상 들어줘야 하는 건 아니야. 내가 도울 수 있는지, 돕고 싶은지 먼저 생각해 보고 대답을 해야 해. 친구가 지나친 부탁을 한다고 생각되거나 들어주고 싶지 않다면, 안 되겠다고 거절할 수 있어야 해. 좋은 친구는 정말 필요한 부탁만 하고, 상대가 거절한다고 화를 내거나 싫어하지 않아.

✅ 거절도 필요해.

- 친구 사이에서는 서로 편안하게 부탁하고 거절할 수 있어야 해.
- 부탁을 들어주고 싶을 때는 기쁜 마음으로 돕자.

2-3 친구가 내가 잡은 피구공을 빼앗는다면

잠깐! 이럴 땐 이렇게 말해 볼까?

친구는 피구 경기에서 이기고 싶어서 그렇게 말한 걸 거야. 하지만 그럴 때 **네가 공을 던지고 싶다면 솔직하게 '내가 하고 싶어'라고 말하는 게 좋아.** 다른 친구의 눈치를 살피느라 하고 싶은 걸 자꾸 참으면 점점 더 속상하고 화가 날 거야. 어떤 일에 도전한다는 건 그 자체로 멋진 일이야. 그러니까 혹시 공을 잘 던지지 못하더라도 용기를 낸 너 자신을 칭찬해 주렴.

✅ 하고 싶다고 말해 봐.

- 처음부터 잘하는 사람은 없어. 잘하지 못해도, 하고 싶은 것에 도전해 봐.
- 용기 내서 시도해 보려고 하는 친구를 응원해 주자.

2-4 친구가 원하지 않는 일에 나를 추천한다면

잠깐! 이럴 땐 이렇게 말해 볼까?

친구가 학급 임원으로 너를 추천하는 건 고맙고 좋은 일이야. 그렇지만 친구들이 원한다고 해서 네가 그 뜻에 그대로 따라야 하는 건 아니야. 억지로 학급 일을 맡게 되면 너도 힘들어지고, 그러면 또 추천한 친구를 계속 원망하게 될 수도 있어. 이럴 땐 지혜롭게 거절해 보자. 우선 **추천해 준 친구에게 고마운 마음을 전한 다음, 반 친구들에게 '스스로 준비되었을 때 하고 싶어요'라고 말하는 거야.**

✅ 네 마음부터 살펴봐.
- 어떤 일을 할 때 너 스스로 준비가 되었는지를 잘 생각해 봐.
- 하고 싶은 마음이 들 때는 약간 겁이 나도 도전해 보자.

2-5 친구가 명령하듯이 말해서 기분이 나쁘다면

잠깐! 이럴 땐 이렇게 말해 볼까?

사람마다 말을 하는 방식이 조금씩 달라. 말투가 딱딱하거나 까칠한 사람도 있고, 다정하고 친절하게 말하는 사람도 있지. 가끔 속마음은 안 그런데 강하고 거칠게 말하는 친구들이 있어. 같이 놀다 보면 마치 나에게 화를 내거나 명령하는 것 같아 기분이 나빠지기도 하지. 그래도 일부러 그러는 건 아닐 테니까 욕을 하거나 화를 내지는 말자. 대신 **조금 부드럽게 말해 달라고 부탁하면 돼.**

✅ 부드럽게 말해 봐.

- 친구들에게 따지듯이 말하거나 지시하는 것처럼 말하지 말자.
- 대화할 때 목소리를 조금 낮추고, 천천히 부드럽게 말하면 편안하게 들려.

2-6 친구에게 고백을 받았는데 거절하고 싶다면

잠깐! 이럴 땐 이렇게 말해 볼까?

동성이든 이성이든 친구를 좋아하는 마음은 소중한 거야. 잘못되거나 부끄러워할 일이 아니지. 하지만 이성 친구로 사귀려면 서로 좋아하는 마음이 있어야 해. 그냥 나를 좋아한다고 하니까, 또는 어떻게 말해야 할지 몰라서 거절하지 못하면, 나중에 친구와 더 멀어질 수 있어. 이럴 땐 '좋은 친구로 지냈으면 좋겠어'라는 말로 기분 나쁘지 않게 거절하자.

✅ 마음은 서로 달라.

- 친구를 좋아하는 마음을 소중하게 생각하자.
- 내가 고백했는데 친구가 거절한다면, 그 마음도 순순히 받아들여야 해.

3

원망하고 비난하는 말

3-1 친구가 나 때문에 시합에 졌다고 탓한다면

잠깐! 이럴 땐 이렇게 말해 볼까?

정말 이기고 싶었는데 지면 속상하고 화가 날 수 있어. 그럴 때 아쉬운 마음을 스스로 받아들이는 것도 연습이 필요해. 같이 경기를 한 모둠 친구를 원망하면서 탓하면 안 되지. 친구가 자신의 속상한 감정을 너에게 쏟아 냈을 때 너의 책임으로 받아들이면 안 돼. 경기에 져서 속상한 건 너도 마찬가지잖아. 이럴 때는 **친구의 속상한 감정도 알아주면서 너의 감정도 솔직하게 표현하는 게 좋아.**

✅ 내 감정은 내 거야.

- 결과가 좋지 않을 때, 자신의 감정을 인정하고 받아들이는 연습이 필요해.
- 친구끼리 원망하기보다는 속상한 마음을 서로 알아주자.

3-2 서로 부딪쳤는데 나에게 거칠게 말한다면

잠깐! 이럴 땐 이렇게 말해 볼까?

서로 같이 부딪쳤는데 친구가 모두 네 잘못인 것처럼 몰아붙이면 당황스럽고 억울할 거야. 그럴 때는 먼저 '미안해'라는 말로 실수를 인정하자. 부딪친 순간 너도 놀라고 기분이 상했겠지만, 그래도 사과의 말이 먼저야. 그러고 나서 '같이 조심하자'는 말을 조심스럽게 건네는 것이 좋아. 친구랑 똑같이 거칠게 말하지 않고, 오히려 부드럽게 말하는 게 더 똑똑한 행동이야.

✅ 먼저 실수를 인정하자.

- 자신의 실수나 잘못을 인정하는 태도를 배우자.
- 말에도 순서가 있어. 서로 책임이 있을 때는 사과하는 말이 먼저야.

3-3 친구가 시합에서 졌다고 화풀이한다면

잠깐! 이럴 땐 이렇게 말해 볼까?

시합에 졌을 때 이긴 팀의 친구들에게 트집을 잡거나 화풀이하는 친구도 있어. 그럴 때는 친구가 너무 속상해서 그러는 거라고 생각하렴. 너한테 화를 내는 게 아니라, 그냥 화를 내고 싶은데 상대가 필요해서 그러는 걸 거야. 이럴 때는 대화로 풀려고 하기보다는, 그냥 넘기는 것도 좋은 방법이야. 만약 친구가 계속해서 너를 비난하면, 친구의 마음을 알아주면서 그만하라고 분명하게 말해 줘.

☑ 비난하면 대화할 수 없어.

- 일방적으로 친구를 원망하고 비난하면 서로 대화할 준비가 안 된 거야.
- 경기에 져서 속상한 감정은 시간이 좀 지나면 괜찮아져.

3-4 자기가 잘못하고 내 탓이라며 원망한다면

잠깐! 이럴 땐 이렇게 말해 볼까?

친구가 너 때문이라고 말하는 이유가 뭘까? 누군가를 원망하고 싶거나, 아니면 정말 네가 했다고 오해하고 있을지도 모르지. 이럴 때는 일이 잘못돼서 **속상한 친구의 마음을 알아주면서도, '내 잘못이 아니야'**라고 분명하게 말해야 해. 네 실수가 아닌데도 다른 사람의 괜한 원망을 다 받아들이면 안 돼. 때로는 억울한 마음이 들지 않도록 자기 자신을 적극적으로 변호할 필요가 있단다.

✓ 내 잘못이 아니라고 말해.

- 다른 친구의 원망을 그대로 자신의 것으로 받아들이지 말자.
- 속상한 친구의 마음을 알아주는 것을 '공감'이라고 해.

3-5 약속을 지키지 못했다고 나를 원망한다면

잠깐! 이럴 땐 이렇게 말해 볼까?

친구와 약속을 했는데 어쩔 수 없이 지키지 못할 때가 있지. 엄마가 허락하지 않거나 다른 일이 있는 걸 깜박했을 수도 있어. 친구가 화를 내는 건 아쉬워서 그러는 거야. 물론 너도 일부러 약속을 어긴 건 아니니까 친구가 화를 내는 게 서운할 수 있지. 그래도 먼저 사과해야 하는 거 알고 있지? 그런 다음 **어쩔 수 없는 상황을 잘 설명하고 이해해 달라고 부탁하는 거야.** 친구라면 충분히 네 마음을 알아줄 거야.

✅ 그럴 수 있다는 마음을 가져 봐.

- 아쉽고 서운하지만 친구의 사정을 이해하려는 너그러운 마음을 가져 보자.
- 성급하게 약속을 하기보다는, 약속을 지킬 수 있는지 먼저 확인하자.

3-6 친구가 물건을 잃어버리고 나를 의심한다면

잠깐! 이럴 땐 이렇게 말해 볼까?

친구가 너를 의심한다고 생각하면 일단 기분이 나쁠 거야. 그래서 순간적으로 발끈해서 거칠게 말할 수도 있어. 하지만 **친구가 잘못 생각하고 있는 거니까, 안 가져갔다고 침착하게 말하면 돼**. 반대로 네가 물건을 잃어버렸을 때는 '내가 아끼는 연필이 없어졌는데, 혹시 보면 말해 줘'라고 부탁하는 거야. 친구 사이에 의심을 하면 우정이 크게 상할 수 있으니 주의하자.

의심하지 말고 부탁해.

- 물건이 없어졌다고 친구를 먼저 의심하지 말자.
- 의심받았을 때는 당황하거나 화내기보다는 침착한 태도로 차분하게 말해.

약속과 규칙을 깨는 말

4-1 친구가 약속을 자꾸 어긴다면

잠깐! 이럴 땐 이렇게 말해 볼까?

친구가 너와 한 약속을 지키지 않는다면 속상하고 화가 나겠지. 하지만 친구를 무작정 몰아붙이며 따지거나 친구 관계를 끊는 건 좋은 방법이 아니야. 갑작스러운 사정이 생겼을 수도 있으니까 먼저 무슨 일이 있었는지 확인해 보자. 그리고 네가 오래 기다렸다는 사실만 알려 주면 돼. 만약 약속을 계속 어기는 친구가 있다면 쉽게 약속을 잡지 않는 것이 좋겠어.

신뢰는 차곡차곡!

- 작은 약속이라도 지키기 위해 노력할 때 '믿을 수 있는 친구'라는 마음이 생겨.
- 약속을 지키기 어려울 때는 친구에게 미리 알려 주자.

4-2 놀이 중에 규칙을 어겨 놓고 화를 낸다면

잠깐! 이럴 땐 이렇게 말해 볼까?

가끔 잘못된 행동을 하고도 실수를 인정하고 싶지 않을 때가 있어. 잘못이 드러나도 무조건 아니라고 우기는 친구가 있는데, 그건 창피해서 그러는 거야. 그럴 때는 친구가 스스로 느낄 수 있도록 기회를 주는 것이 좋아. 잘못을 따지기보다는 함께 놀 수 있는 방법을 제안해 보자. 물론 이렇게 말해도 친구는 화를 내거나 집으로 가 버릴 수 있어. 그건 아직 친구가 마음의 준비가 안 된 거니까, 다음에 같이 놀면 돼.

✅ 놀이도 약속이야.

- 약속이 깨지면 서로 함께 놀이를 즐기기는 어려워.
- 놀이 중에 규칙을 지키지 못했을 때는 솔직하게 인정하자.

4-3 친구가 새치기를 한다면

잠깐! 이럴 땐 이렇게 말해 볼까?

줄을 서 있는데, 친구가 갑자기 내 앞에 끼어들면 당황스럽지. 나도 급한데 말이야. 그렇지만 새치기했다고 큰 소리로 말해서 부끄럽게 만들면 오히려 화를 낼 수 있다는 것 알지? 이럴 땐 '순서대로 줄 서자'라고 말해서 친구 스스로 뒤에 가서 다시 줄을 서도록 하는 것이 좋아. 그렇게 말했는데도 원래 자기 자리였다고 우기거나 너를 밀치면서 화를 낸다면, 그때 선생님께 도움을 요청하자.

💬 질서는 함께 지키는 거야.

- 반 친구들 모두 함께 약속과 질서를 지키는 것이 중요해.
- 선생님께 이르기 전에 먼저 대화로 해결해 보자.

4-4 친구가 거짓말을 하는 것 같다면

잠깐! 이럴 땐 이렇게 말해 볼까?

습관처럼 거짓말을 하는 친구가 있어. 어디어디 가 봤다거나, 뭐든 해 봤다거나, 다 가지고 있다고 부풀리기도 해. 그런 친구와 대화를 하다 보면 뭔가 거짓말을 하는 것 같은 느낌이 들지. 그래서 거짓말 아니냐고 물어도 인정하지 않을 거야. 그렇게 해야만 친구들이 자신을 좋아한다고 생각해서 그러는 거거든. 그럴 땐 **더 이상 그 주제에 대해서 대화를 하지 않는 것이 좋아**. 관심을 두지 않으면 더 거짓말 할 필요가 없으니까.

진실한 말이 좋아.

- 사람들은 진실한 말과 거짓말을 느낌으로 알게 돼.
- 너는 거짓말하지 않아도 지금 이대로의 모습으로 충분해.

4-5 모둠 활동에서 자기가 할 일을 미룬다면

잠깐! 이럴 땐 이렇게 말해 볼까?

모둠 활동을 하다 보면 열심히 하는 친구가 있고, 자기 할 일도 제대로 하지 않고 다른 친구들에게 미루는 친구도 있어. 그래서 여러 사람이 함께 협력하는 것이 힘든 거야. '왜 네가 할 일을 하지 않는 거야?'라며 화를 내서도 안 되지만, 빨리 끝내고 싶다는 마음에 대신 해 주는 것도 바람직하지 않아. 그럴 때는 **네 역할과 친구의 역할을 분명하게 구분해서** 말해 주렴. 그리고 나서 각자 맡은 일을 잘 끝내자고 친구를 응원해 주자.

✅ 역할을 구분하자.

- 다른 친구가 해야 하는 역할을 대신 해 주지 말자.
- 내가 할 일을 미루면 다른 친구들이 힘들어져.

4-6 비밀 이야기를 다른 친구에게 말했다면

잠깐! 이럴 땐 이렇게 말해 볼까?

친구에게 들은 비밀 이야기를 다른 사람에게 전하는 건 옳은 행동이 아니야. 하지만 그렇다고 '믿을 수 없는 친구'라고 생각하거나, 다시는 놀지 않겠다고 말하지는 말자. 친구도 실수로 말해 놓고 후회할지도 몰라. 그럴 때는 놀라고 속상한 너의 마음을 말해 줘. 그리고 친구를 다시 믿어 보는 거야. 앞으로는 비밀을 꼭 말하고 싶은지 한 번 더 생각해 보고 이야기하는 것이 좋겠어.

✅ 비밀 이야기는 조심조심!

- 친구의 이야기를 다른 친구에게 전하지 말자.
- 진짜 비밀이라면, 혼자만 알고 있어도 괜찮아.

서로 생각이 다른 말

5-1 친구에게 조언했는데 기분 나빠 한다면

잠깐! 이럴 땐 이렇게 말해 볼까?

너는 걱정돼서 한 말인데 친구가 기분 나빠 한다면, 서로 생각이 달라서 그래. 또 어쩌면 알고는 있지만 다른 사람에게 그런 말을 듣는 게 싫어서 그랬을 수도 있지. 그럴 때는 더 강요하지 말고, '서로 생각이 다르구나'라고 생각하면서 그냥 넘기면 돼. 그리고 친구에게 해 주고 싶은 말이 있다면, '써야 해!'라거나 '써라!'라고 말하기보다는 '같이 쓰자~', '쓰는 게 어때?'라고 말하는 게 좋아.

😊 강요보다는 제안이 좋아.

- 조언을 해도 상대가 싫어할 때는 더 강요하지 말자.
- '~해!'라고 명령하는 말투보다 '~하면 어때?'나 '~하자'라고 제안하는 말투가 더 듣기 좋아.

5-2 친구가 자기 물건이라고 우긴다면

잠깐! 이럴 땐 이렇게 말해 볼까?

친구와 함께 놀다 보면 서로 자기 것이라고 주장하다가 다툴 때가 있어. 내 것이 분명한데 친구가 우긴다면 마음이 답답해질 거야. 그렇다고 화를 내면 문제도 해결하지 못하고 결국 친구와 싸우게 돼. 반대로 무조건 양보해서도 안 되겠지. 이럴 때는 '우리 서로 생각이 다르네'라고 상황을 인정하면서, '어떻게 하면 좋을까?'라고 질문해 봐. 친구라면 같이 방법을 찾아낼 거야.

✅ 질문하면 방법을 찾을 수 있어.
- 생각이 달라도 함께 새로운 방법을 찾을 수 있어.
- 친구들과 같이 장난감을 가지고 놀 때는 이름을 미리 써 두는 게 좋아.

5-3 같이 놀기로 했는데 서로 의견이 다르다면

잠깐! 이럴 땐 이렇게 말해 볼까?

친구들과 재미있게 놀고 싶은데, 서로 하고 싶은 놀이가 다를 수 있지. '뭐 할까?' 만 찾다가 시간이 다 가 버려. '너 때문에 못 놀았다'고 원망하기도 하고. 그럴 때는 '번갈아 가면서' 혹은 '다수결'로 결정하는 것이 좋아. '네가 원하는 놀이 먼저 하고 다음에는 내가 원하는 거 하자!'라고 제안해 보렴. 또 참여한 친구들이 각자 놀이를 제안하고, 그중에서 가장 많은 친구가 원하는 놀이로 시작하는 것도 좋은 방법이야.

✅ 기회는 공평하게!

- 친구끼리 너 한 번, 나 한 번… 공평한 기회를 주어야 해.
- 원하지 않는 게임이더라도 즐겁게 놀아 보자고 마음먹어 봐.

5-4 서로 자기 생각이 맞는다고 주장한다면

잠깐! 이럴 땐 이렇게 말해 볼까?

사람마다 알고 있는 것이 다를 수 있어. 생각이 다르다는 것 자체는 싸울 일이 아니야. 다르다고 상대를 무시하거나, 내 생각이 무조건 옳다고 고집을 부릴 때 다툼이 시작되는 거지. 그럴 때는 먼저 '너는 그렇게 알고 있구나'라고 말해 보렴. 이런 태도를 '존중'이라고 해. 놀이 방법은 다시 정하면 돼. 누가 맞고 틀린가의 함정에 빠지면 놀지도 못하고 사이도 나빠져.

존중을 주고받자.

- 생각이 서로 다를 수 있다는 것을 인정하는 것이 '존중'이야.
- 나도 친구도 서로 존중받아야 할 소중한 존재야.

5-5 친구가 안 그랬다고 우긴다면

잠깐! 이럴 땐 이렇게 말해 볼까?

분명히 친구가 나를 놀렸는데, 그 친구는 절대로 안 했다고 하면 정말 답답하지. 선생님께 말씀 드려도 대신 해결해 주기 어려울 때가 있어. 사실을 밝히려고 친구랑 계속 옥신각신하면, 너만 더 속상하고 억울해져. 친구가 아니라고 우기는 건 혼날까 봐 겁이 나서 그러는 거라고 생각해 보자. 이럴 때는 **대화를 그만두고 너의 마음을 지키는 게** 더 지혜로운 방법이야.

✅ 내 마음을 보호하자.

- '안 했으면 됐어'는 너의 마음을 보호하기 위한 말이야.
- 자신이 해 놓고, 안 했다고 모른 척하지 말자.

5-6 친구들이 회장으로 뽑아 주지 않았다면

잠깐! 이럴 땐 이렇게 말해 볼까?

원하던 회장으로 뽑히지 못해 아쉽고 서운하겠다. 하지만 너를 뽑지 않았다고 해서 친구들이 너를 싫어하는 것은 아니야. '친한 친구여서', '이전에 한번 해 봤으니까', '그냥!' 등등 친구들은 다양한 이유로 투표를 하거든. 기준이 다른 것뿐이니까 네 탓을 하지는 마. 회장으로 뽑힌 친구에게 '축하해'라고 말해 보면 어떨까? 그리고 멋지게 도전한 너 자신을 칭찬하고 응원해 주자.

✅ 자기 자신을 칭찬하고 응원해 줘.

- 노력한 나에게 '수고했어', '멋졌어'라고 말해 주자.
- 결과가 아쉬울 때도 나를 더 좋아해 주고 응원하자.

욕하고
공격하는 말

6-1 친구가 위험한 물건으로 위협한다면

잠깐! 이럴 땐 이렇게 말해 볼까?

순간적으로 실수한 거겠지만, 손에 든 물건으로 친구를 위협하는 것은 정말 위험한 행동이야. 만약 이런 상황이 벌어진다면 더 자극해서는 안 돼. 우선 몸을 피해서 너를 보호하는 것이 가장 중요해. 네 잘못이 아닌데 무서워서 기죽을 필요도 없어. 친구에게 위험한 행동이라고 분명하게 주의를 줘야 해. 위험한 공격을 당할 것 같은 느낌이 들면 선생님께 도움을 요청하자.

😊 안전이 우선이야.

- 내 몸은 내가 적극적으로 지키고 돌봐야 해.
- 뾰족하고 위험한 물건을 들고 있을 때는 움직임에 더 주의하자.

6-2 장난에 친구가 갑자기 욕을 하며 화낸다면

잠깐! 이럴 땐 이렇게 말해 볼까?

친구랑 장난치고 싶어서 다가갔는데 갑자기 욕을 하고 화를 내면 놀라고 당황스럽지. 그래도 먼저 친구가 왜 그랬는지 생각해 보렴. **아마도 친구가 장난을 받아 줄 기분이 아니었거나, 다른 일로 기분이 나쁜 상태였을 거야.** 그러니까 그만한 일로 화를 내냐며 따지기보다는 우선 사과를 하는 것이 좋아. 하지만 친구 사이에 욕을 하면 안 되니까 '욕은 안 했으면 좋겠어'라고 덧붙이면 돼.

💬 욕으로는 마음을 전할 수 없어.

- 말 대신 욕을 하면 다른 친구가 내 마음을 알 수가 없어.
- 친구의 장난을 받아 줄 여유가 없을 때는 '그만해, 장난칠 기분이 아니야'라고 말하자.

6-3 친구가 같이 놀면서 욕을 한다면

잠깐! 이럴 땐 이렇게 말해 볼까?

친구들과 같이 놀 때 누군가 욕을 자주, 그리고 심하게 하면 듣는 것만으로도 기분이 나빠질 수 있어. 이럴 때 **친구를 가르치는 듯한 태도로 말하기보다는 '같이 놀 때 욕은 하지 말자'**라고 제안해 봐. 친구가 너와 계속 잘 지내고 싶다면 욕을 사용하지 않으려고 노력할 거야. 하지만 만약 너의 제안을 무시하고 모른 척한다면 계속 편하게 함께 놀기는 어려울 수 있어.

✅ 욕을 사용할수록 대화가 어려워져.

- 욕이 습관이 되면 기분이 좋거나 나쁠수록 더 많은 욕을 사용하게 돼.
- 욕하는 것을 불편해하는 친구가 있다는 것을 기억하자.

6-4 친구가 다른 친구를 놀려 주자고 한다면

잠깐! 이럴 땐 이렇게 말해 볼까?

나는 하고 싶지 않은데 친구가 장난으로 다른 친구를 놀려 주자고 하면 당황스럽지. 이럴 때는 '내가 옳다고 생각하는 행동이 뭘까?' 잘 생각해 봐야 해. 옳지 않다고 느낀다면, 안 하고 싶다고 표현하면 돼. 친구가 하자고 해서 했더라도 네가 한 행동의 책임은 결국 네가 져야 한다는 걸 잊지 마. 친구와 사이가 나빠질까 봐 걱정된다면, 무조건 하지 말자고 하기보다는 다른 놀이를 하자고 제안해 보렴.

✅ 옳은 생각을 따라가 봐.

- '어떻게 하지?' 고민이 될 때는 네가 옳다고 믿는 기준을 생각해 봐.
- 친구의 제안을 따르고 싶지 않을 때는 다른 방법을 찾아 보자.

6-5 자기 마음대로 안 된다고 짜증 낸다면

잠깐! 이럴 땐 이렇게 말해 볼까?

하는 일이 마음대로 잘 안 되면 당연히 기분이 안 좋지. 그렇다고 옆에 있는 다른 사람에게 짜증을 내서는 안 돼. 감정은 함께 있는 사람에게 전염이 되거든. 이럴 때 너 역시 **친구의 안 좋은 감정을 다 네 것으로 받아 올 필요는 없어.** 친구의 짜증이 계속된다면 네 기분을 솔직하게 말하고, 친구가 무엇을 힘들어하는지 직접 말할 수 있도록 도와주는 것이 좋아.

✅ 감정도 전염이 돼.

- 한 친구가 짜증을 내거나 화를 내면 다른 친구도 기분이 나빠질 수 있어.
- 혼자 짜증을 내기보다는 속상한 일을 친구와 상의해 보자.

7-1 친구가 시험을 잘 봤다고 자랑한다면

잠깐! 이럴 땐 이렇게 말해 볼까?

누구나 다른 사람에게 자랑하고 싶은 마음이 있어. 하지만 친구가 내 기분에는 전혀 관심이 없고, 자기 자랑만 계속 늘어놓으면 속상할 수 있지. 이럴 때 친구에게 짜증을 쏟아 내거나 괜히 주눅 들 필요 없어. **친구의 자랑이 기분 나쁘게 들리면, '나도 잘하고 싶어서 그렇구나'라고 생각하면 돼.** 친구에게 '열심히 했네!'라면서 축하해 주고, 스스로에게는 다음에 더 잘해 보자고 응원해 주자.

✅ 잘하고 싶어서 그런 거야.

- 잘해 내고 싶은 자신의 마음을 응원해 주자.
- 부러움과 질투의 감정은 자연스러운 거야. 나쁜 감정이 아니야.

7-2 친구가 내 말을 끊고 듣지 않는다면

잠깐! 이럴 땐 이렇게 말해 볼까?

친구는 자기 이야기를 빨리 하고 싶어서 대화 순서를 지키지 못한 거야. 이럴 때는 '내가 말을 할 때 끊지 말고 들어 줘'라고, 네가 원하는 것을 말하면 돼. 다른 친구의 말을 잘 듣는 것을 '경청'이라고 하는데, 좋은 관계를 맺고 유지하는 데 아주 중요한 대화 예절이야. 만약 친구가 자기 말만 계속 하거나, 너의 말을 경청하지 않는다면 같이 대화하기는 어려울 수 있어.

✅ 대화는 나눠서 하는 거야.

- 대화는 친구와 피자를 함께 먹는 것과 같아. 다 같이 나누어 하는 거야.
- 대화에도 순서가 있어. 자기 차례를 기다려서 이야기하자.

7-3 친구가 다른 친구와 나를 비교한다면

잠깐! 이럴 땐 이렇게 말해 볼까?

다른 사람과 비교하는 말은 관계를 나쁘게 만드는 말이야. 비교하는 말을 들으면 무시당하는 것 같아서 속상하고 화가 나거든. 친구가 이런 실수를 했을 때, 당연하게 받아들이면 안 돼. '비교하니까 기분 나빠'라고 솔직하게 말해 줘. 똑같이 비교하는 말을 하지 않도록 조심하자. 지혜로운 친구는 비교하지 않아. 사람은 생김새, 성격, 잘하는 것 등 모든 면에서 다 다르다는 것을 알거든.

✅ 비교는 해로운 독이야.

- 친구와의 관계에서 비교는 아주 해로운 독과 같아. 하지 말자.
- 너는 세상에 단 하나뿐인 존재라서 비교할 대상이 없어.

7-4 친구가 다른 친구와의 문제에 끼어든다면

잠깐! 이럴 땐 이렇게 말해 볼까?

친구 사이에서 어떤 오해나 문제가 생겼을 때는 대화로 직접 해결하는 게 좋아. 그 문제와는 상관없는 다른 친구가 한쪽 편을 들거나, 문제를 대신 해결해 주려고 하면 오해가 더 커질 수 있거든. 만약 친구가 끼어든다면, **빨리 해결하도록 도와주고 싶어서 그러는 거니까 마음은 고맙게 받아 줘.** 그러고 나서 '하지만 이 문제는 우리가 해결할게'라고 말하면 돼.

💬 직접 대화해서 해결하자.

- 친구와 다툼이 생겼을 때는 직접 대화로 해결해.
- 다른 친구들 사이에서 일어난 일에 간섭하기보다는 믿고 기다리자.

7-5 친구가 내 일에 참견하고 잔소리한다면

잠깐! 이럴 땐 이렇게 말해 볼까?

다른 친구의 일에 일부러 끼어들어 아는 척하거나, 듣기 싫은 말로 참견하기를 좋아하는 사람은 없어. 이렇게 잔소리를 하는 친구는 자기 것과 친구의 것을 잘 구분하지 못해서 그러는 거야. 그러니까 네 일을 자기 일처럼 생각하는 친구의 마음도 알아주면서, 혼자 해내고 싶은 네 마음도 분명히 표현하는 게 좋아. '도와주고 싶은 마음은 고맙지만, 혼자 해 볼게'라고 말해 보렴.

💬 친구가 원할 때 도와주자.

- 사람은 누구나 자기 스스로 해내고 싶은 마음이 있어.
- 만약 걱정이 되면, 친구에게 '도움이 필요하면 말해 줘'라고 해 보자.

동의를 구하지 않는 말

8-1 친구가 내 물건을 자기 것처럼 사용한다면

잠깐! 이럴 땐 이렇게 말해 볼까?

친구가 준비물을 빠뜨리고 왔을 때 빌려줄 수 있지. 하지만 말도 없이 너의 물건을 사용하거나 함부로 다룬다면 신경이 쓰이고 마음이 불편할 거야. 이럴 때는 억지로 참지 말고 친구에게 말을 해야겠지? 특히 습관처럼 계속 준비물을 가져오지 않는 친구라면 '다음에는 네 것을 잘 챙겨 오면 좋겠어'라고 말해 두는 것이 좋아. 계속 다른 사람의 물건을 빌려서 사용하는 것이 당연한 일은 아니거든.

💬 물건을 빌릴 때도 매너가 필요해.

- 친구에게 물건을 빌릴 때는 '미안한데, 빌려 써도 될까?'라고 물어보자.
- 다 사용한 후에는 '빌려줘서 고마워, 잘 썼어'라고 고마움을 표현하자.

8-2 자기 물건이 있는데도 내 것을 빌려 간다면

잠깐! 이럴 땐 이렇게 말해 볼까?

자기 물건을 특별히 아끼거나, 가방이나 사물함에서 꺼내는 것도 귀찮아서 친구한테 자꾸 빌려 쓰는 아이들이 있어. 그럴 때는 '네 것을 쓰는 것이 좋겠어'라고 말하면 돼. 다른 사람의 돈을 함부로 가져가면 안 되는 것처럼, 친구의 물건을 내 것처럼 사용해서도 안 되지. 친구가 서운해할까 봐 걱정된다면, '안 가져왔을 때는 내가 빌려줄게'라고 말해 줘.

🗨 친구의 물건을 소중하게 생각하자.

- 내 물건이 소중한 만큼, 친구의 물건도 소중하게 다루자.
- 습관처럼 물건을 빌리면 친구가 불편해할 수 있어.

8-3 내가 아끼는 물건을 빌려달라고 한다면

잠깐! 이럴 땐 이렇게 말해 볼까?

친구에게 어떤 물건은 빌려주고 어떤 물건은 안 빌려줄지를 결정하는 기준은 너에게 있는 거야. 내가 급하게 사용해야 한다거나, 아끼는 것이라면 빌려주지 않아도 돼. 그럴 때는 친구가 아쉬워하더라도 '**미안해, 아끼는 거라 빌려주기 어렵겠어**'라고 말하렴. '미안해', '미안하지만'이라는 말은 네가 잘못한 게 있어서 사과하는 말이 아니야. 친구의 서운한 마음을 달래고 배려하기 위해서 하는 말이란다.

✅ '미안하지만'은 친구를 배려하는 말이야.

- 아끼는 물건은 학교에 가져오지 말자.
- 거절했을 때 친구가 서운해할 수 있어. 하지만 너의 잘못은 아니야.

8-4 물건을 빌려 가서 돌려주지 않는다면

잠깐! 이럴 땐 이렇게 말해 볼까?

어떤 친구는 빌린 물건 돌려주는 걸 잊어버리기도 해. 그러니까 무조건 원망하거나 화내지 말고, 먼저 빌려 간 물건을 다 사용했는지 확인해 봐. 그런 다음 '돌려받고 싶어'라고 말하면 돼. 일부러 돌려주지 않는 거라고 생각하면 화가 나지만, 깜박했다고 생각하면 편안하게 말할 수 있어. 그리고 친구에게 물건을 빌려줄 때는 '언제까지 돌려줄 거야?'라고 물어서 날짜를 약속해 두자.

동의를 구하지 않는 말

💬 생각에 따라 기분이 달라져.

- 친구가 돌려주는 걸 깜박 잊었다고 생각해 보자.
- 물건을 빌려줄 때는 돌려받을 날짜를 약속하는 게 좋아.

8-5 친구가 빌려 간 돈을 갚지 않는다면

잠깐! 이럴 땐 이렇게 말해 볼까?

친구 사이에서 돈이 오가는 것은 주의해야 해. 너는 좋은 마음으로 돈을 빌려줬는데, 빌려 간 친구가 갚지 않으면 어떻게 말해야 할지 고민하느라 마음이 불편해져. 그러다 보면 친구와의 관계도 어색해질 수 있지. 만약 이런 상황이 생긴다면, 친구에게 언제까지 돌려줄 수 있는지 직접 확인해 봐. **돈이나 시간처럼 우리에게 정말 중요한 것들은 스스로 잘 관리해야 해.**

🔵 스스로 관리하자.

- 친구 사이에는 돈을 주고받지 않는 게 좋아.
- 어쩔 수 없는 상황이라면, 빌린 돈을 언제 갚을지 약속해 두자.

8-6 친구가 자꾸 사 달라고 조른다면

잠깐! 이럴 땐 이렇게 말해 볼까?

친구는 왜 자꾸 너한테 사 달라고 할까? 네가 거절하지 않고 잘 사 주니까 익숙해져서 그러는 것은 아닌지 생각해 보자. 기쁜 마음으로 친구에게 작은 선물이나 간식을 사 줄 수 있어. 그러나 그것을 당연하게 생각하는 것은 곤란해. 한 친구만 돈을 쓰고 물건을 사 주는 관계는 서로 동등하고 편한 친구 사이라고 할 수 없거든. 이럴 때는 '부담스러워'라고 말하면서 거절하는 편이 나아.

부담 없는 편한 친구가 좋아.

- 좋은 친구 관계는 물건을 사 준다고 만들어지는 것이 아니야.
- 한 친구만 부담을 느끼는 관계는 불편해져.

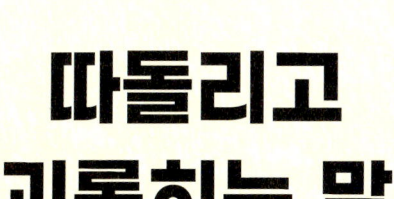

따돌리고 괴롭히는 말

9-1 나를 놀이에 끼워 주지 않으려고 한다면

잠깐! 이럴 땐 이렇게 말해 볼까?

친구가 놀이에 끼워 주지 않으면 당황스럽고 속상할 거야. 하지만 서로 마음이 맞아야 놀이도 즐겁잖아? 그러니까 계속 끼워 달라고 조르거나 화를 내지는 말자. 만약 '같이 놀고 싶어'라고 적극적으로 말했는데도 거절한다면, 너와 마음이 맞는 다른 친구와 즐겁게 놀면 돼. 너를 좋아하고 같이 놀고 싶어 하는 친구도 있다는 것을 기억하자.

같이 즐거운 친구와 놀자.

- '빠져!'라는 말은 친구에게 상처가 될 수 있어.
- 여러 친구가 놀이에 끼워 주지 않을 때는 선생님께 도움을 요청하자.

9-2 친구가 내 외모를 평가하고 놀린다면

잠깐! 이럴 땐 이렇게 말해 볼까?

친구의 외모를 평가하거나 놀리는 말이나 행동을 해서는 안 돼. 친구 사이도 나빠지지만, 스스로 친구들을 얼마나 예의 없이 대하는지를 보여 주는 거야. 만약 누군가 너의 외모에 대해 기분 나쁘게 말한다면 화가 나겠지만, 똑같이 말하거나 행동하지는 말자. 예의 없는 친구의 말에는 '그렇게 말하지 마!'라고 단호하게 말하고, 길게 대화하지 않는 것이 좋아.

예의 없는 말에는 단호하게!

- 단호함은 화를 내는 것과는 달라. 너의 생각을 분명하게 표현하는 거야.
- 하지 말라고 했는데도 계속 놀린다면 선생님께 도움을 요청하자.

9-3 친구가 나와 말을 안 하려고 한다면

잠깐! 이럴 땐 이렇게 말해 볼까?

친구가 갑자기 나와 말을 안 하면 놀라고 걱정될 거야. 그럴 때는 혼자 너무 고민하지 말고 친구에게 먼저 물어보렴. '무슨 일인지 말해 줄래?'라고 해서 친구에게 직접 설명할 기회를 주는 거야. 만약 특별한 이유가 없는데도 계속 못 들은 척하면서 피한다면 어른들께 말씀드리자. 친구끼리 서운하고 화가 났을 때는 대화로 해결해야 해. 친구를 무시하는 행동을 해서는 안 되는 거야.

🗨 혼자 고민하지 말고 확인하자.

- 혼자 고민하면 걱정만 더 커져.
- 여러 친구가 너의 말을 듣지 않으려고 한다면 어른들께 도움을 요청하자.

9-4 친구가 내 뒷담화를 한다면

잠깐! 이럴 땐 이렇게 말해 볼까?

친구를 뒤에서 흉보거나 욕하는 건 의리 없는 행동이야. '의리'란 친구 사이에 지켜야 할 바른 예절인데, 그것을 지키지 못하면 좋은 관계로 지내기 어렵지. 친구가 너에 대해 안 좋은 이야기를 하고 다니는 상황을 알면서도 가만히 있으면 잘못된 소문이 생길 수도 있으니까 적극적으로 대처해야 해. 친구에게 '하고 싶은 말 있으면 나랑 직접 하자'라고 말해 봐. 괜히 움츠러들 필요 없어. 친구가 잘못한 거야.

💬 **정정당당하게 말해.**

- 하고 싶은 말이 있을 때는 뒤에서 몰래 하지 말고 직접 하는 거야.
- 친구가 '나 안 그랬어' 하면서 계속 뒷담화를 하면 어른들께 도움을 요청하자.

9-5 나랑 놀지 말라고 말하고 다닌다면

잠깐! 이럴 땐 이렇게 말해 볼까?

한 친구와 놀지 말라고 부추기거나, 한 친구를 여럿이서 일부러 따돌리는 행동은 '폭력'이야. 몸이 아픈 것처럼, 마음이 상처를 입거든. 절대 하지 말아야 할 행동이지. 친구가 나랑 놀지 말라고 말하고 다니는 상황에서 그 친구처럼 똑같이 행동해서는 안 되지만, 가만히 참기만 해서도 안 돼. 친구에게 '기분 나쁘니까 그만해!'라고 말하자. 너를 도와줄 사람은 많아. 혼자서 걱정하지 말고 함께 해결해야 해.

따돌림은 폭력이야!

- 너와 놀지 않으려는 친구가 많아진다면 즉시 어른들께 도움을 요청하자.
- 다른 친구를 따돌리는 행동에 함께 참여해서는 안 돼.

9-6 다른 사람이 없을 때 욕하고 협박한다면

잠깐! 이럴 땐 이렇게 말해 볼까?

이런 상황은 언어폭력이자 협박이야. 다른 사람이 없는 데서 친구를 겁주면서 억지로 강요하는 것은 떳떳하지 못한, 비겁한 행동이지. 만약 네가 혼자 있을 때 친구가 욕하고 협박하면 놀라고 무서울 수 있어. 그래도 용기를 내서 '욕하고 협박하지 마!'라고 말하자. 그러고 나서 더 이상 대화하지 않는 게 좋아. 그리고 어른들께 상황을 자세히 말씀드리고 같이 상의해야 해.

즉시 도움을 요청해.

- 친구를 말이나 행동으로 겁주고 위협하는 것은 비겁한 짓이야.
- 친구가 너에게 욕하고 협박하면 어른들께 즉시 도움을 요청하자.

9-7 친구들이 채팅에서 나를 무시한다면

잠깐! 이럴 땐 이렇게 말해 볼까?

친구를 채팅 방에 초대해 놓고, 일부러 무시해서 따돌림 받는 기분이 들도록 만드는 경우가 있대. 여러 명이 함께 채팅을 하면, 내 말에 늦게 대답할 수 있지. 하지만 **친구들이 일부러 무시하는 것 같다면, '나는 이만 나갈게'라고 말하고 바로 채팅 방에서 빠져나오자.** 만약 계속 초대한다면, 거부하거나 핸드폰을 끈 후 어른들께 도움을 요청해야 해.

✅ 온라인 따돌림도 폭력이야!

- 친구들과 핸드폰으로 채팅할 때도 대화 예절이 필요해.
- 친구를 무시하고 괴롭혔을 때는 자신의 잘못된 행동에 대해 무거운 책임을 져야 해.

9-8 친구가 다른 친구의 뒷담화를 한다면

잠깐! 이럴 땐 이렇게 말해 볼까?

친구가 다른 친구의 흉을 보고 헐뜯으려고 할 때 같이 하지 않도록 주의하자. 만약 친구의 기분을 맞춰 주려고 같이 뒷담화를 하면 결국 너도 비겁한 행동을 한 게 돼. 그러고 나면 기분도 안 좋고, 그 친구에게 미안해서 마음이 불편할 거야. 그러니까 그럴 때는 '속상했구나, 잘 해결되면 좋겠다'고만 말해 줘. 친구 둘이서 문제를 해결하도록 끼어들지 않는 것이 좋아.

✅ 같이 흉보지 말자.

- 친한 친구의 속상한 이야기를 들어 줄 수는 있지만, 같이 욕하지는 말자.
- 자신감 있는 사람은 뒤에서 친구를 흉보지 않아.

사과하는 말

10-1 미안한 마음을 전할 방법을 모르겠다면

잠깐! 이럴 땐 이렇게 말해 볼까?

친구랑 어울리다 보면 실수를 할 수 있잖아. 그럴 때는 잘못을 인정하고 사과를 하면 돼. 어색하고 쑥스러워서 그냥 넘어가면 서운함이 쌓여서 언젠가 폭발할 거야. 아무 일 없었다는 듯이, 별것 아니라는 태도로 말하는 것도 곤란해. **사과할 때는 '미안해'라는 말과 미안한 이유를 같이 말하는 것이 좋아.** '~해서 미안해. 사과할게'라고 말하면 진심이 전달될 거야.

✅ '~해서(이유) 미안해'라고 말하자.
- 이유를 덧붙여 사과하면 진심이 더 잘 표현돼.
- 사과할 때는 친구 핑계를 대거나 다른 변명을 하지 말자.

10-2 친구가 화가 났는데 이유를 모르겠다면

잠깐! 이럴 땐 이렇게 말해 볼까?

친구가 나한테 화가 난 것 같은데 내가 무엇을 잘못했는지 모르겠다면, 물어보면 돼. 사람의 마음은 모두 다르기 때문에 혼자 짐작하는 것보다 친구에게 직접 확인해 보는 것이 좋아. 너한테 정말 화가 났는지 물어보고, '**화난 이유를 말해 줬으면 좋겠어**'라고 솔직하게 말해 봐. 그리고 친구가 왜 화났는지 말하면 잘 들어 주고, 네가 실수한 게 있다면 진심으로 사과하면 되는 거야.

💬 이야기를 잘 들어 주면 마음이 풀려.

- 친구마다 화를 내는 이유가 다를 수 있어.
- '아~ 그랬구나', '속상했겠다'라고 하면서 친구의 이야기를 집중해서 잘 들어 주자.

10-3 친구에게 사과하고 싶지 않다면

잠깐! 이럴 땐 이렇게 말해 볼까?

친구랑 서로 다퉜을 때 부모님이 '네가 먼저 사과해!'라고 말씀하시는 건 친구랑 잘 지내도록 돕고 싶어서 그러는 거야. 하지만 지금 당장은 사과하고 싶지 않을 수 있지. 너도 속상하고 억울하니까. 그럴 때는 부모님께 **지금은 사과하고 싶지 않다**고 솔직하게 말하고, '**기다려 주세요**'라고 이야기하면 돼. 마음이 괜찮아졌을 때 용기 있게 사과하면 되는 거야.

지금 말하고 싶지 않을 수 있어.

- 속상하고 억울해서 사과하고 싶지 않은 내 마음도 인정해 주자.
- 마음이 괜찮아지면 친구에게 바로 사과하자.

10-4 친구가 내 사과를 받지 않는다면

잠깐! 이럴 땐 이렇게 말해 볼까?

너무 속상하면 당장 말하고 싶지 않을 수 있다는 거, 이제 알지? 이번에도 마찬가지야. 네가 사과를 했지만, 친구는 시간이 더 필요할 수 있어. 사과를 받아 주지 않아서 서운하다고 친구를 원망하는 말은 하지 말자. 반대로 너무 슬퍼할 필요도 없어. '미안해, 화해하고 싶어'라고, 진심을 담아 말하고 친구의 마음이 풀리기를 기다려 주자. 곧 다시 화해하고 이전처럼 친하게 지낼 수 있어.

✅ 때로는 기다림이 필요해.
- 사람마다 화가 풀리는 시간이 다를 수 있어.
- 친구가 사과할 때는 받아 주자. 그래야 내 마음도 편하니까.

10-5 사과를 받아도 화가 풀리지 않는다면

잠깐! 이럴 땐 이렇게 말해 볼까?

친구가 사과할 때 화를 내면서 거절하면 서로 마음이 불편해져. 용기 내서 사과한 친구도 부끄러워서 오히려 너를 원망하는 마음이 생길 수 있거든. **만약 아직 마음이 풀리지 않았어도 '네 마음은 알겠어' 정도는 말해 줘.** 그 말을 들은 친구는 미안한 마음으로 네 마음이 풀리기를 기다릴 거야. 입장을 바꿔서, 네가 친구에게 실수했을 때 친구가 사과를 받아 주지 않으면 어떨지 생각해 보렴.

💬 입장을 바꿔서 생각해 봐.

- 좋은 친구는 용기 내서 사과한 친구를 비난하지 않아.
- '누구나 실수할 수 있다'고 생각하면 마음이 좀 편해질 거야.

> 부모님 가이드

내 아이와 똑똑하게 대화하기

장난치며 놀리는 말

1. 불편한 마음 말하기

아이들의 다툼과 사고는 장난에서 시작되는 경우가 많습니다. 초등학생이 되면 더 이상 부모님이 직접 통제하는 방식으로는 가르치기 어려워지죠. 다른 친구의 장난을 모방하기도 하고, 또래 관계가 복잡해지면서 다양한 상황에 놓이게 되기 때문입니다.

이제 아이 스스로 장난과 괴롭힘의 기준을 세울 수 있도록 대화해 보세요. 친구 사이에 서로 장난을 하다가도 반드시, 즉시 멈춰야 하는 상황에 관해서는 명확하게 지침을 알려 주세요.

> "친구 사이에 장난과 괴롭힘이 어떻게 다르다고 생각해?"
> "맞아, 서로 함께 재미있어야 장난이야."
> "너는 재미있어도, 친구가 불편해한다면 바로 멈춰야 해."

아이들은 마음이 불편할 때 화를 내면서 몸이 먼저 반응하거나 울음과 짜증으로 표현합니다. 하지만 앞으로는 친구가 심한 장난을 치면 '그만해!', '하지 마!', '싫어!' 등 스스로를 적극적으로 지키는 말을 사용하도록 도와주세요. '불편해!', '아파!', '기분 나빠!', '아쉬워!', '힘들어!' 등 다양한 표현을 연습

하면서, 자신의 상황을 설명할 수 있는 어휘와 문장을 확장하도록 격려해 주세요.

"친구의 장난이 싫을 때는 뭐라고 말해야 할까?"
"화내지 않아도 돼. '불편하니까 그만해!'라고 말하렴."
"'아프니까 하지 마!'라고 단호하게 말하면 돼."

명령하고 강요하는 말

2. 원하는 것을 말하는 능력

자신이 원하는 것을 분명하게 표현하고, 원하지 않는 것은 정중하게 거절하는 능력은 친구들과 편안한 관계를 유지하는 데 매우 중요합니다. 어른이 된 부모님도 때때로 그런 말을 잘 못해서 마음이 힘들 때가 있잖아요.

만약 친구들에게 싫다는 말을 잘 못해서 억지로 참거나, 할 말을 못하고 집에 돌아와서 속상해한다면, 아이 스스로 자신의 '욕구'와 '선택'을 존중하는 연습을 시켜 주세요. 가장 먼저 가족들에게 원하는 것을 말로 표현하고 직접적으로 요청할 수 있도록 대화해 보세요.

"네가 원하는 게 뭔지 말해 줄래?"

"넌 어떻게 하고 싶은데?"

"네가 선택할 수 있어. 네 의견은 어때?"

또 아이가 가족들에게 사양과 거절의 의사 표현을 할 수 있도록 도와주세요. 내가 '하고 싶지 않다'고 거절해도 관계에서 불편한 일이 생기지 않는다는 것을 경험해야 합니다. 부모의 요청을 거절했을 때도 서운해하기보다는 자연스럽게 받아들이며 격려해 주세요.

"그래, 하고 싶지 않을 수 있지."

"고마워. 그렇게 말해 주니까 네 마음을 잘 알겠어."

"아쉽지만, 다음에 다시 부탁할게."

> 원망하고 비난하는 말

3. 자기 감정에 책임지기

아이들은 하는 일이나 친구 관계가 마음대로 되지 않으면 다른 사람 탓을 하고 싶어 합니다. 그럴 때 '네가 해 놓고 왜 다른 사람 탓이야?'라고 혼을 내기보다는 아이의 감정에 먼저 공감해 주세요. 부모로부터 감정 공감을 많이 받은 아이는 자신의 감정을 신뢰할 수 있습니다. 자기 감정을 신뢰하는 아이가 감정을 적절하게 표현하고 조절할 수 있는 힘도 갖게 됩니다.

"속상해서 그랬구나."
"그런 말 들으니 억울했겠네."
"화가 날 수 있지. 그건 자연스러운 거야."
"짜증 나는 마음도 곧 사라질 거야. 기분은 왔다 갔다 하거든."

가정에서는 '너 때문에 힘들잖아'와 같은 말로, 아이가 부모나 형제 자매의 감정을 떠맡거나 대신 책임지게 하지 않도록 주의해 주세요. 감정은 각자의 것이고, 스스로 자신의 감정에 책임감을 가져야 한다는 것을 배워야 합니다. 그래야 다른 친구의 부정적인 감정에 쉽게 전염되거나 눈치를 보면서 자신의 잘못으로 느끼지 않을 수 있습니다.

"감정은 각자의 거야. 자기 감정의 주인은 바로 자기 자신이란다."

"화가 날 수 있지. 하지만 조절하는 방법을 배워 가야 해."

"엄마가 힘들어서 그래. 이건 네 책임이 아니야."

"그건 친구의 감정이야. 친구가 잘 해결할 거야."

약속과 규칙을 깨는 말

4. 신뢰 경험 쌓아 가기

아이가 친구와의 관계에서 신뢰감을 경험하는 일은 매우 중요합니다. 타인에 대한 믿음이 세상에 대한 믿음으로 연결되기 때문이죠. 그러나 아직 아이들은 신뢰감이라는 추상적인 개념을 잘 모를 수 있어요. 우리 가족이 생각하는 신뢰감이란 무엇인지 함께 이야기 나눠 보세요.

"너는 신뢰감이 뭐라고 생각해?"
"신뢰란 상대를 의심하거나 걱정하지 않고, 믿을 수 있는 마음이라고 생각해."
"신뢰감은 저금처럼, 매일 조금씩 쌓이는 거야."

신뢰에는 예측 가능성과 일관성이 중요합니다. 예를 들어, '엄마라면 이해해 줄 거야' 하는 긍정적인 예측이 가능하고, 그것이 일관되게 유지될 때 아이는 신뢰감을 느낍니다. 가족 간에 서로 어떤 행동을 할 때 신뢰감을 느끼는지 구체적으로 예를 들어서 배워 가면 좋습니다.
만약 가정에서 아이가 부모와 한 약속을 지키지 못했을 때는 '너 분명히 약속했잖아!', '이제 너랑 약속 안 해!'라고 반응하기보다는 '그럴 만한 이유가 있

었는지 들어 보자'라고 말해 주세요. 부모는 감시자가 아니라, 아이가 지킬 수 있는 약속을 하고 신뢰감을 쌓아 가는 과정을 경험하도록 돕는 지원자가 되어야 하니까요.

"어떤 이유였는지 들어 볼까?"
"다음에는 미리 말해 줘. 엄마가 당황스러웠어."
"어떻게 하면 우리가 약속을 지킬 수 있을까?"

서로 생각이 다른 말

5. 다름을 존중하기

아이들은 자신과 생각이 다르다는 이유로 화를 내거나 싸우기도 합니다. 친구랑 친하게 지내고 싶어서 자신의 생각을 바꾸거나 숨기기도 하고요. 나와 다르다는 것이 불편하기 때문이죠.

아이와 '존중'이란 무엇인지 대화해 보세요. 부모님이 생각하는 존중의 개념에 대해 가르쳐 주세요. 무엇보다 친구와 의견이 다를 때, 자신의 생각을 스스로 존중하는 것(자기 존중)도 중요하다는 점 또한 강조해 주세요.

> "친구마다 생각이 다를 수 있어."
>
> "존중이란 나와 다른 생각도 '그럴 수 있구나'라고 인정하는 거야."
>
> "너의 생각도 스스로 존중할 수 있어야 해."

존중을 말로 가르치는 것보다 더 좋은 방법은 아이가 직접 존중을 경험하는 것입니다. 아이가 부모님과 다른 생각을 표현할 때 인정하는 모습을 보여 주세요. 의견이 다르다는 것이 불편한 일이 아니라는 것을 경험해야 합니다. 또 '어떻게 해결하면 좋을까?'라는 질문을 통해서, 서로 생각이 다를 때에도 함께 새로운 방법을 찾을 수 있다는 것을 배우도록 도와주세요.

"네 생각은 그렇구나."

"엄마랑 의견이 다르네. 네 생각을 더 들려줄래?"

"그럼 우리가 어떻게 해결하면 좋을까?"

> 욕하고 공격하는 말

6. 욕하지 않고 말하기

하굣길이나 놀이터, 어디에서나 아이들이 욕하는 소리를 쉽게 들을 수 있습니다. 요즘 애들은 다 그렇다고 하지만, 정작 내 아이가 그런 욕설을 한다면 어떻게 대응하시겠어요?

무조건 '욕하지 말라'고 해도, 아이들은 이미 욕설에 노출되어 있습니다. 또래 관계의 은어로 끈끈하게 얽혀 있죠. 따라서 욕을 할 때 스스로 불편감을 느끼도록 도와주는 것이 더 효과적입니다. 욕의 뜻을 알고 있는지 질문해 보세요. 아이들은 의미를 모르고 '그냥!' 사용하는 경우가 많습니다. 또 욕을 할 때 기분이 어떤지, 느낀 점을 표현하게 하는 것도 방법입니다. 아직 어릴수록 부모님 앞에서 욕을 사용할 때 민망해하고 어색해하는 경우가 많습니다.

"그 말이 무슨 뜻인지 알고 있니?"

"그 말을 사용할 때 기분이 어때?"

'욕을 하면 왜 안 돼요?'라는 아이들의 질문에 부모님의 답을 마련해 두세요. '나쁘니까!', '학생이 욕을 하면 되니?'라는 답변 말고, 아이도 이해할 수 있는 설명이 필요합니다. 욕이 아니더라도 듣기 불편한 말이 있다면, 아이에게 그

말을 사용할 수 있는 상황과 대상에 제한을 두도록 하는 것이 좋습니다.

"욕이 습관이 되면 네 마음을 더 정확하게 표현할 수 없게 돼."
"욕을 사용하지 않고 표현해 볼래?"
"집에서는 그 표현을 쓰지 않았으면 좋겠어. 할 수 있겠니?"

간섭하고 무시하는 말

7. 관계에 독이 되는 말

아이에게 친구 사이에 사용하면 독이 되는 말들을 가르쳐 주세요. 아래 기준을 참고로 아이와 함께 목록을 만들어 가면 좋습니다. 다 작성한 후에는 학교생활에서 그런 말을 하거나 들은 적이 있는지, 이야기 나누면서 아이를 더 깊이 이해해 보세요.

1) 비난: "야! 너는 하나도 안 도와주냐?"
2) 비교: "짝꿍보다 진짜 못했다!"
3) 무시: "너 모르잖아!"
4) 강요: "내 말대로 해!"
5) 모른 척하기: "내가 언제?"

독이 되는 말을 사용했더라도, 다행히 해독제도 있다고 알려 주세요. 사람은 누구나 말실수를 하지만, 자신의 실수를 인정하고 '관계를 회복하는 말'을 사용하면 다시 사이가 좋아질 수 있다고 가르쳐 주세요. 이때 부모님이 아이에게 했던 말실수를 고백하고 사과해도 좋습니다.

1) 비난 대신 요청하기 : "나 좀 도와줄 수 있어?"

2) 비교 대신 응원하기 : "다음에는 더 열심히 하자!"

3) 무시 대신 경청하기 : "응, 그랬구나~"

4) 강요 대신 질문하기 : "너는 어떻게 하고 싶어?"

5) 모른 척하기 대신 인정하기 : "응, 미안해. 내 실수야."

> 동의를 구하지 않는 말

8. 소유와 나눔의 균형

초등학생이 되면 자신의 물건을 스스로 잘 챙기는 능력이 요구됩니다. 때로는 친구에게 물건을 빌리고, 나눠 쓰고, 빌려준 후에 제때 돌려받는 관리 능력도 필요하죠.

초등학교에 입학할 때 부모님이 이름 스티커를 다 붙여 주시지 말고 아이와 함께 해 보세요. 아이 스스로 이름표를 붙이는 과정에서 '소유'의 개념을 배우도록 도와주세요. 권리와 책임의 의미에 대해서 설명하고, 학교에서 자신의 물건을 어떻게 챙겨야 하는지 이야기 나눠 보세요.

> "이렇게 물건에 이름을 붙인다는 것은 너의 소유라는 뜻이야."
> "소유한다는 것은 권리와 책임이 함께 필요해."
> "학교에서는 너의 물건을 어떻게 관리해야 할까?"

소유의 개념을 충분히 이해하고 있을 때, 나눔과 공유, 양보와 배려의 개념이 그 위에서 자라납니다. 가정에서는 아이의 물건을 동의 없이 누군가에게 빌려주거나, 동생에게 억지로 나눠 주도록 가르치지 않는 것이 좋습니다. 소유의 경험이 부족하면, 자신의 물건에 집착하거나 남의 물건에 욕심을 낼 수 있

습니다. 반대로 지나치게 양보하면서 남에게 맞추려고 할 수도 있죠.

"동생 좀 빌려주면 좋겠어. 괜찮아?"

"빌려줘서 고마워. 잘 썼어."

"네가 원하면 나눠 줄 수 있지. 친구들이 좋아하겠다."

> 따돌리고 괴롭히는 말

9. 학교폭력 예방을 위한 대화

정말 속상한 일이지만, 초등학교 저학년부터 학교폭력 문제가 제기되고 있습니다. 이제는 아이를 조심시키며 눈과 귀를 가리기보다는, 함께 이야기하면서 대응 능력을 키워 줘야 할 때입니다. 학교폭력이 무엇인지, 아이가 이해할 수 있는 수준에서의 설명이 필요합니다.

이미 아이들은 학교에서, 친구들에게, 뉴스를 통해 학교폭력 이야기를 전해 듣고 있습니다. 그럴 때 그냥 넘기기보다는 아이가 어떤 생각을 하고 있는지 질문해 보세요. 또 그 상황에서 어떻게 대처해야 할지, 구체적인 행동 지침을 가르쳐 주세요.

"학교폭력이란 친구끼리 몸이나 마음을 아프게 하는 거야."

"대부분은 좋은 친구들이지. 하지만 친구들을 괴롭히면서 관심을 받고 싶어 하는 아이들도 있어."

"이번 학교폭력 문제가 왜 생겼다고 생각해?"

"너라면 어떻게 했을 것 같아? 가장 먼저 뭘 해야 하지?"

아이 스스로 자신을 보호하는 능력을 갖추고, 문제가 발생했을 때는 언제나

부모와 상의할 수 있도록 가르쳐야 합니다. 부모에게 말해도 소용없다는 느낌을 갖지 않도록, 적극적이고 명확한 도움과 지지의 의사를 표현해 주세요.

"우리는 너를 도울 거야. 그게 부모의 역할이야."
"부모님한테 말하지 말라고 협박하기도 한대. 하지만 엄마한테 반드시 말해 줘야 해."
"학교폭력은 반드시 해결돼야 해. 절대 그냥 넘기면 안 되지."

사과하는 말

10. 진심 어린 사과의 말

아이들은 무엇이든 배워 가는 시기이기 때문에 실수하고 사과할 일이 많습니다. 그럴 때 어른들이 아이들의 마음을 강요하지 않았으면 좋겠습니다. 때로는 부모가 민망해서 아이에게 서둘러 사과하라고 하고, 엄마들끼리 어색해지지 않으려고 아이에게 얼른 친구의 사과를 받아 주라고 강요하기도 하니까요.

우리가 그렇듯이, 아이의 감정도 진정되려면 시간이 필요합니다. 필요한 시간도 제각각 다르고요. 친구끼리 서로 화해시키는 데 목표를 두기보다는, 내 아이가 무엇을 느끼고 있는지에 집중해 보세요. 감정을 느끼는 방식과 속도를 존중받을 때 고집스럽지 않은 아이로 자랍니다. 자신의 실수를 인정하고, 다른 친구의 사과를 너그럽게 받아 주는 아이로 성장합니다.

"실수를 인정하는 태도는 중요해. 사과할 준비가 되면 말해 줘."
"네 마음이 풀릴 때까지 함께 있어 줄게."
"친구가 용기 내 사과할 때는 받아 주는 게 좋아. 어떻게 하고 싶니?"